YOUR KNOWLEDGE HAS VALUE

- We will publish your bachelor's and master's thesis, essays and papers

- Your own eBook and book - sold worldwide in all relevant shops

- Earn money with each sale

Upload your text at www.GRIN.com
and publish for free

Erich Petlák

Inovácie v súčasnej didaktike

GRIN Verlag

Bibliografische Information der Deutschen Nationalbibliothek:

Die Deutsche Bibliothek verzeichnet diese Publikation in der Deutschen National-bibliografie; detaillierte bibliografische Daten sind im Internet über http://dnb.d-nb.de/ abrufbar.

Imprint:

Copyright © 2007 GRIN Verlag GmbH
Druck und Bindung: Books on Demand GmbH, Norderstedt Germany
ISBN: 978-3-640-10005-7

This book at GRIN:

http://www.grin.com/en/e-book/92317/inovacie-v-sucasnej-didaktike

GRIN - Your knowledge has value

Der GRIN Verlag publiziert seit 1998 wissenschaftliche Arbeiten von Studenten, Hochschullehrern und anderen Akademikern als eBook und gedrucktes Buch. Die Verlagswebsite www.grin.com ist die ideale Plattform zur Veröffentlichung von Hausarbeiten, Abschlussarbeiten, wissenschaftlichen Aufsätzen, Dissertationen und Fachbüchern.

Visit us on the internet:

http://www.grin.com/

http://www.facebook.com/grincom

http://www.twitter.com/grin_com

INOVÁCIE V SÚČASNEJ DIDAKTIKE

Erich Petlák

Na úvod môjho vystúpenia poznamenávam, čo som uviedol v úvode našej publikácie (Petlák, E. a kol., 2005), že didaktiku považujem za najviac a najdôkladnejšie rozpracovanú pedagogickú disciplínu. Pravdaže, v žiadnom prípade to neznamená, že už nemá čo rozpracúvať a dotvárať. Skôr naopak, a preto som si vybral tému o inováciách v súčasnej didaktike. Uvedomujem si náročnom a zložitosť témy, pretože celé 20. storočie je, z pedagogického pohľadu, storočím mnohých inovácií v pedagogike a v didaktike, a tak vlastne stojím pred problémom, čo z množstva rokmi pertraktúvaných oblastí vybrať alebo zdôrazniť. Realita je taká, že problematika inovácií je a bude aj v 21. storočí naliehavejšia a predpokladajme, že aj razantnejšia ako doposiaľ. Problematika inovácie súčasnej didaktiky pre mňa osobne nespočíva v hľadaní čohosi nového, ale predovšetkým v tom ako to, čo je rokmi označované za inovatívne, preniesť do reálneho výchovno-vzdelávacieho procesu.

Ak by sme (myslím na nás tu prítomných) mali zaujať stanovisko k tomu, či sa didaktika inovuje, či a v čom napreduje určite by sme sa rozdelili najmenej do dvoch skupín – jedna by zastávala a dôvodila všetkým tým čo progresívne sa v didaktike udialo, iná by mala naporúdzi dostatok príkladov a „dôkazov" o pomalom napredovaní a pomalých inováciách v didaktike. Pravdaže, otázka takto nestojí. Dichotomický pohľad a dichotonomické hodnotenie je súčasťou všetkých vedeckých úvah a názorov, ktoré pomáhajú ďalšiemu rozvoju vedy. Preto v zmysle naznačeného a v zmysle zamerania dnešnej medzinárodnej konferencie sa zamýšľam nad vybranými otázkami inovácií v didaktike.

Prvou oblasťou, ktorú chcem zdôrazniť je **súhrn činiteľov podmieňujúcich inovácie v didaktike.** Ide najmä o nasledovné:

1. Ostatné desaťročia a aj súčasné roky sú charakteristické ako obdobie búrlivého **rozvoja vedy a techniky.** Rast vedecko-technických poznatkov je taký veľký, že všeobecne uznávame, že škola už nemôže zabezpečiť osvojenie tohto množstva poznatkov.

2. Nové poznatky ľudstva kladú celkom iné a **nové požiadavky na funkciu školy,** na jej metódy a ciele, ale aj na formy hodnotenia vedomostí žiakov.

3. Aj keď to už hovoríme desiatky rokov treba stále pripomínať (a kritizovať), že v školách **prevláda tradičný encyklopedizmus, memorovanie a verbálne vyučovanie.**

4. Napriek už spomenutému rozpracovanie nových a efektívnych vyučovacích metód škola ostáva stále pri tradičných metódach a len veľmi **pomaly sa v nej presadzuje novátorstvo a inovácie.**

5. Trvalým a závažným problémom školy je, že svoju činnosť orientuje len **málo na budúcnosť,** ale predovšetkým na to, aby hodnotila momentálne aktuálne výkony žiakov. Inak povedané **dominuje didaktika pamäti.**

6. Aj napriek tomu, že škola uznáva individuálne osobitosti žiakov, uznáva vplyv prostredia a pod., v reálnej výchovno-vzdelávacej praxi sa **individualita** (nadaní, priemerní, slabí žiaci), ale aj vplyv prostredia **rešpektuje len veľmi málo, nedostatočne.**

Pod vplyvom týchto problémov, s ktorými sa škola nemôže vyrovnať, ale snaží sa vyrovnávať, v didaktike sú veľmi výrazne frekventované pojmy: *moderné, progresívne, netradičné, inovatívne* a pod. Som si vedomý, že nie je možné vyčerpať obsah a zámery týchto a ďalších súvisiacich pojmov, a preto len pripomeniem, že spravidla sa zameriavajú na tieto oblasti:

- **výber cieľov vzdelávania** (čo vybrať a ako usporiadať z neustále sa rozširujúceho poznávania ľudstva),
- **formulovanie cieľov vzdelávania** (výber a usporiadanie v školských dokumentoch, **napr. kurikulum),**
- **formulovanie cieľov vyučovania a učenia sa žiakov** (čo si majú osvojiť, čo majú vedieť, pričom cieľom vyučovania a učenia nemôžu byť len vedomosti),
- **formulovanie a uplatňovanie didaktických zásad v meniacich sa podmienkach vyučovania, ale aj hľadanie nových vyučovacích zásad** (súčasné a budúce multimediálne pomôcky a techniky budú veľmi významne ovplyvňovať súčasné didaktické zásady, napr. názornosť, spájanie teórie s praxou atď., integrované predmety si zasa budú žiadať inováciu napr. medzipredmetových vzťahov a pod.),
- **eliminovanie sprostredkujúcich, transmisívnych vyučovacích metód a rozvoj aktivizujúcich metód a foriem výučby** vedúcich nielen ku konkrétnym vedomostiam, ale aj k dôslednejšiemu využívaniu vyučovacích stratégií (problémové vyučovanie, skupinové vyučovanie, projektové vyučovanie ...),
- hľadanie metód a foriem výchovno-vzdelávacej práce vedúcich k rešpektovaniu, individuality osobnosti, no súčasne aj vytvárajúcich všetky predpoklady pre jej

všestrannú realizáciu. (Realizácia vyučovania nemôže byť univerzálna, ale musí byť vždy zameraná na konkrétnu, reálnu osobnosť, na jej talent, tempo, temperament - „TTT.")

Uvedené vymedzenie inovatívnych či moderných prístupov, ako som ich uviedol, nevyčerpáva všetky možné aspekty. Je tomu tak preto, lebo každý jav, každú oblasť výchovno-vzdelávacieho procesu je možné inovovať a špecifikovať na ďalšie „drobnejšie inovácie:" Výstižnejšie ja azda vyjadrenie **permanentne inovovať**, čo súvisí s neustálym rastom, napr. pedagogicko-psychologických poznatkov (napr. pre ostatné roky je z tohto pohľadu pre nás opätovne po viacerých rokoch inovatívne napr. učenie J. Piageta o konštruktivizme), ale aj meniace sa podmienky vyučovania (napr. zavádzanie multimediálnych techník a prostriedkov do výučby).

Takto by som mohol vymenúvať celý rad oblastí, na ktoré sa musí orientovať didaktika súčasnosti a budúcnosti. Vedúcou ideou pri všetkých úvahách však musí byť záujem **prejsť od didaktiky pamäti k didaktike myslenia a tvorivosti.**

V súvislosti s uvedeným treba uviesť aj to, že vonkoncom nejde o jednoduchú úlohu, pretože sme svedkami viacerých predstáv o škole budúcnosti. Názory, ktoré prinášajú rôzne štúdie možno zhrnúť nasledovne:

- *škola s jej terajšími metódami a formami vyučovania bude pretrvávať ešte viac rokov,*
- *škola sa v priebehu najbližších rokov zásadne zmení, budú v nej prevládať tvorivé metódy a formy výchovno-vzdelávacej práce,*
- *škola sa zmení a multimediálne prostriedky v nej budú zohrávať významnú úlohu,*
- *škola sa zmení tak, že bude poskytovať len základné vedomosti a jej činnosti budú dopĺňať ďalšie výchovno-vzdelávacie centrá,*
- *škola bude postupne zanikať, jej úlohy a funkcie bude postupne preberať rodina a iné (napr. súkromné) vzdelávacie ustanovizne,*
- *vzdelávanie bude zabezpečované prevažne multimediálnymi technikami.*

Uvedené je skutočne len sumarizáciou názorov objavujúcich sa v názoroch pedagógov, psychológov, no najmä futurológov. Pravda, pohľad na uplynulých sto rokov nevyvoláva prílišný optimizmus. Ako sme naznačili už okolo roku 1900 a neskôr sa predpokladali priam prevratné zmeny v školách, ale realita bola a je iná. Bolo by však chybou rezignovať a nehľadať možnosti sústavného napredovania.

Pre komplexnosť treba pripomenúť všeobecné tendencie rozvíjania a zdokonaľovania vzdelávania, ktoré zdôrazňuje aj Biela kniha Európskej únie (1999). Súčasné a budúce vzdelávanie musí položiť dôraz okrem iného na tieto oblasti:

Humanizáciu - treba vnímať z dvoch hľadísk.

1. Výchovou a vzdelávaním zabezpečiť rozvoj osobnosti – t. j. hľadať a pracovať takými metódami, ktoré zabezpečia rozvoj jedinca, teda budú voči nemu humánne.

2. Všestranný rozvoj jedinca, podľa jeho možností a schopností, má humanizujúci rozmer v tom, že ho pripraví na začlenenie sa do spoločnosti, ktorá má v 21. storočí prívlastok **učiaca sa spoločnosť**.

Integrácia je významným pojmom, no najmä realitou 21. storočia. Integrácia vedy, integrácia rôznych výrobných technológií, ale aj integrácia obsahu vzdelávania (syntetické či integrované predmety), ale **aj integrácia školského a mimoškolského učenia sa stávajú významnou realitou.** Mimoškolské vzdelávanie bude v budúcnosti zohrávať významnú úlohu. Vedomosti získané multimediálnymi technikami, e-mailovou komunikáciou medzi ľuďmi, ale aj inštitúciami poskytujúcimi informácie a pod., budú značne pôsobiť na vyučovanie. Možno to ani nie je zveličenie ak povieme, že v minulosti žiak vedel iba to čo mu poskytol učiteľ a učebnice. A dnes?

Globalizácia je ako integrácia pojmom i realitou 21. storočia. Z hľadiska vzdelávania to znamená, že človek už nebude pripravovaný len pre tú-ktorú krajinu alebo oblasť. Človek 21. storočia sa musí vyznačovať tým, že rozumie svetu, chápe tendencie jeho vývinu, uvedomuje si, že ľudia a krajiny sveta sú čím ďalej tým viac spojené a prepojené v rôznych oblastiach – výroba, veda, umenie, šport, ale aj ochrana života a sveta pred ekologickými katastrofami, aktuálne je povedať, že aj pred terorizmom a pod. Z tohto vyplývajú pre výchovu a vzdelávanie, no predovšetkým pre výchovnú funkciu školy, dôležité a významné úlohy.

Spolupráca a kooperácia sú už dnes samozrejmou súčasťou nášho života. Vo vzťahu k vyššie uvedenému (integrácia, globalizácia), ale aj z uvedomovania si ďalších skutočností (napr. socializácia) je potreba prípravy žiakov na spoluprácu a kooperáciu už v škole viac ako samozrejmá. Projektové vyučovanie, skupinové vyučovanie, kooperatívne vyučovanie musia byť v školách využívané oveľa viac ako doposiaľ.

Mobilita, ktorá sa tiež stáva veľmi aktuálnou, vyžaduje od školy, aby dobre pripravila jedinca na život v meniacom sa svete. Okrem dobrých základných vedomostí, ktoré sú predpokladom ďalšieho získavania nových vedomostí, škola súčasne vytvára predpoklady pre „širší profil" svojich absolventov. Tí sa stávajú mobilnejší, dokážu sa prispôsobovať meniacim sa požiadavkám, sú schopní rekvalifikovať sa a pod. Už dnes sme svedkami rôznych rekvalifikácií a získavania certifikátov. Človek, ktorý je pripravovaný na možné zmeny sa ľahšie adaptuje, chápe potrebu zmien, je schopný udržať a na trhu práce.

Sústavnosť vzdelávania veľmi úzko súvisí s mobilitou. Azda nie je potrebné pripomínať rýchle tempo pribúdania nových informácií, ktoré pôsobia nielen na školské vzdelávanie, ale aj na samovzdelávanie sa človeka. Len ten, kto sa dokáže trvale a systematicky vzdelávať, bude „držať krok s dobou", len ten bude schopný produktívnej práce, sebazdokonaľovania sa a pod. Pre školu je to mimoriadne dôležitá úloha, pretože príprava žiakov na budúce samovzdelávanie, vytváranie vzťahu k samovzdelávaniu či učenie metódam samoučenia – autodidakcie, ešte akosi stále nepatrí k samozrejmostiam práce školy. Z uvedeného hľadiska je preto potrebné dôslednejšie presadzovať metódy výučby, ktoré sú pre žiakov práve z tohto dlhodobejšieho hľadiska motivujúce.

Z vyššie uvedeného vyplýva aj potreba **kreatívnosti**. Možno ju opisovať a analyzovať z viacerých hľadísk. Z hľadiska jedinca možno poznamenať, že budúcnosť si bude vyžadovať skutočne tvorivého a samostatného človeka – nové technológie, sústavný rast nových poznatkov a ich zaraďovanie do sústavy už osvojených vedomostí, zvýšenie požiadaviek na rozhodovacie schopnosti človeka v práci a pod. Z hľadiska školy ide o taký výchovno-vzdelávací proces, v ktorom musia dominovať metódy vedúce ku kreativite žiakov

Napriek dobrému, ba možno použiť aj termín výbornému rozpracovaniu mnohých oblastí didaktiky, sa viaceré z nich neuplatňujú a nerealizujú tak, ako by bolo žiaduce. Z viacerých spomeniem: *nedocenenie žiaka ako subjektu výchovno-vzdelávacieho procesu, problémy v interakčných vzťahoch učiteľ – žiak, pretrvávanie a dominancia verbálnych metód vyučovania, dominancia vyučovania učiteľa nad učením sa žiaka, nedostatočná pozornosť individuálnym osobitostiam žiakov vo vyučovaní, zotrvávanie na zaužívaných metódach a formách práce, pomalé presadzovanie tvorivých vyučovacích metód a foriem* a pod. Pravdou je, že vymenované, ale aj viaceré ďalšie nedostatky nie sú nové. Podiel na tomto má isté lipnutie a zotrvávanie na zaužívanom, ako aj istá „strnulosť myslenia." Škola a učitelia nedoceňujú súčasnú didaktickú teóriu. Škola, a teda aj didaktika, sa nimi borí už celé desiatky rokov, ba dalo by sa povedať, že celé predchádzajúce storočie.

Vnucujú sa otázky, prečo škola a jej didaktický proces nereflektujú didaktické poznatky, ktoré, ako sme naznačili, sú bohaté a inovatívne. Sme toho názoru, že príčin je viacero. Jednou z príčin je, že škola môže existovať a pracovať aj bez toho, aby sa v nej využívali a uplatňovali novšie alebo najnovšie pedagogicko-didaktické či metodické poznatky. Toto je istý paradox, to je istá „výnimočnosť školy", najmä ak porovnáme prácu školy a učiteľa s inými odvetviami. (Porovnajme akékoľvek technológie výroby spred sto rokov s technológiami dnes, vo viacerých odvetviach sú priam neporovnateľné. Avšak ak porovnáme školu a učiteľa spred viacerých rokov s dneškom, zistíme, že „technológia práce školy a učiteľa" sú temer rovnaké ako pred viacerými desaťročiami.) Toto nie je špecifickosť len nášho školstva. Pedagogický futurológ Don E. Glines v roku 1983 uviedol: „Ak sa pozriete dozadu na históriu americkej základne školy, zistíte, že posledných 200 rokov v nej v skutočnosti k veľkému rozvoju nedošlo. Máme viac moderných budov a máme diaprojektory a dnes počítače. Ale študenti stále prichádzajú do škôl a vstupujú do svojich tried, kde sedávajú a čítavajú, počítajú a učia sa dejepis v skupinách po tridsať. Možno bol tento systém istý čas v našej histórii veľmi dobrý. Ale už nie je takým, aby ešte dlho vydržal. Čo je teraz potrebné, to je urobiť hlavnú premenu v inštitúciách nazývaných školy vo veľmi krátkom čase." (Bjerstedt, A., Glines, D., 1988, s. 116).

Desaťročia sa nedarí uspokojivo vyriešiť rozpor medzi reálnym a požadovaným, medzi teóriou a praxou. Realita je skutočne taká, ako na to poukazujú viacerí pedagógovia, psychológovia a aj odborníci iných vied, že škola „kráča svojou cestou" a „život svojou cestou." To, čo škola žiakom nedá, na čo ich nepripraví, to sa potom dotvára v ďalšom živote jedinca. Pravda, treba zdôrazniť, že takéto dotváranie je často zdĺhavé, obsiahne len časť populácie, dotváranie je na úkor rozvíjania iných činností alebo aj schopností jedinca. Príkladom nám môže byť tvorivosť vo vyučovaní – je zdôrazňovaná, je považovaná spolu s autodidakciou za prioritu súčasnej školy, ale v reálnej výchovno-vzdelávacej praxi je viac vzácnosťou ako samozrejmosťou.

Problém pomalého napredovania školy spočíva aj v tom, že do obsahu jej vzdelávania sa len pomaly premietajú nové vedecko-technické poznatky (ba napr. v obsahu vzdelávania 1. stupňa ZŠ, možno uvažovať o jeho istej stabilnosti), a preto škola a učitelia majú tendenciu pracovať – vyučovať tými istými metódami a formami práce, ktorými v predchádzajúcich rokoch zabezpečili osvojenie si učiva žiakmi. Vo vyšších ročníkoch a na stredných školách, kde možno uvažovať o intenzívnejšom inovovaní obsahu, je tendencia podobná. Netreba pochybovať, že tento stav sa musí zmeniť. K zmene možno postupne dospieť výraznejšími organizačno-riadiacimi zmenami v školstve (pričom za reálneho nositeľa inovatívnych zmien považujeme vedenie školy), posilnením ekonomického zázemia škôl. Ekonomickým zázemím nerozumieme len platové otázky učiteľov, ale predovšetkým vybavenie škôl modernou didaktickou technikou, bohatou škálou odbornej literatúry a primeraným počtom žiakov v triedach. V neposlednom rade aj zmenou prípravy budúcich učiteľov.

Ostatné roky sú z pedagogicko-didaktického hľadiska volaním po „lepšej škole." Napokon, aj naše vyššie uvedené myšlienky naznačujú potrebu takejto školy. „Lepšiu školu" chcú žiaci, rodičia, nadriadené školské orgány, spoločnosť, skrátka všetci. Oveľa ľahšie a jednoduchšie je volať po takejto škole ako naplniť jej obsah. Čo je a aká má byť „lepšia škola?" Škola, ktorá bude klásť dôraz nie na množstvo a systém vedomostí, ale na rozvoj schopností dopracovať sa k novým vedomostiam? Škola, ktorá bude u žiakov preferovať postoje k samovzdelávaniu? Škola, ktorá položí rovnaký dôraz na kognitívnu, afektívnu a psychomotorickú stránku jedinca? Škola, ktorá bude preferovať výchovu pred vzdelávaním? To je skutočne len niekoľko otázok, názorov, ktoré často rezonujú v súvislosti s predstavami o „lepšej škole." Vonkoncom ich nespochybňujeme, ba povedali by sme, že k viacerým z nich sa hlásime. Na druhej strane však pripomíname, že každé vyššie vymedzenie „lepšej školy" evokuje aj protinázor. Napr. Je možné žiakov naučiť viac, keď hovoríme, že sú preťažení, že sa učia veľa zbytočného? Ak áno, za akých podmienok či predpokladov? Zlepšením práce školy? Predlžovaním školopovinnosti? Naozaj je možné klásť dôraz len na rozvoj schopností, keď sa dnes začína čoraz častejšie zdôrazňovať aj potreba širokých a hlbokých vedomostí? Prirodzene, nejde o návrat k didaktickému materializmu, ale nemožno ho ani zaznávať. Požiadavka jednoty kognitívneho, afektívneho a psychomotorického, pravda v inom pomenovaní, ktoré rezonuje u mnohých mysliteľov a pedagógov, nie je stále docenená a v praxi realizovaná. Prečo? Možno to vyznie aj trocha drasticky, keď uvedieme: Kto sa zaujíma o afektívnu stránku a s ňou spojené v vlastnosti jedinca napr. po skončení školy? Nie city, nie hodnotová orientácia jedinca, nie jeho postoje k iným ľudom a pod., mu otvárajú cestu ďalšieho uplatnenia, ale diktát vedomostí je onou otváracou bránou.

Sme toho názoru, že **prvým krokom úspešnej práce učiteľa so žiakmi je diagnóza.** Vedome tu ani neanalyzujem rôzne druhy pedagogickej, didaktickej, psychologickej a sociálnej diagnózy. Ide mi o diagnózu v širšom ponímaní, ktorou učiteľ skúma a zisťuje: postoje žiakov k učeniu, vzťahy medzi žiakmi, názory žiakov na učivo a metódy učenia, názory na to, čo by sa chceli a ako by sa chceli učiť, postoje žiakov k realite, ktorá ich obklopuje, postoje a predstavy o ich budúcom živote. Zisťuje čo ich kvári, o čom by chceli s učiteľmi rozprávať, čo by im chceli povedať a pod.

Nepopierateľnou pravdou je, že tzv. klasické vyučovanie je pre žiakov málo zaujímavé, nezáživné a nudné. Dnešní žiaci majú značný rozhľad a ako som už naznačil, aj samotní žiaci nechcú plniť len príkazy a počúvať, chcú besedovať, skúmať, porovnávať, vyjadrovať svoje názory, hodnotiť atď. Vyjadrujem názor a presvedčenie, že ak by škola zmenila svoje metódy a formy práce, viaceré zo súčasných negatív, ktoré sme naznačili by sa aj keď nie celkom odstránili, určite by sa oslabili. Pravda, a to je aktuálnou úlohou didaktiky budúcnosti, potrebné je zmeniť nielen metódy vyučovania, ale aj uskutočniť zmeny v koncipovaní obsahu vzdelávania, pretvárať postoje žiakov k učeniu, učiť ich učiť sa, znížiť počty žiakov v triedach a pod.

V tejto súvislosti je potrebné zdôrazniť požiadavky väčšej zaangažovanosti žiakov na svojej učebnej činnosti. Doterajšia didaktika je orientovaná viac na činnosti učiteľa a menej na žiaka. Podnetom pre *„pretváranie"* týchto prístupov a zaangažovanie žiakov do učebnej činnosti nám môže byť prístup G. O. Growa. Uvádza tieto stupne:

1. **Žiak v závislom postavení** – učiteľ je expert, autorita, tréner.

2. **Žiak sa stáva zainteresovaným, prejavuje záujem** – učiteľ je sprievodca, motivujúci človek.

3. **Žiak je plne zaangažovaný na svojom rozvoji** – učiteľ „preberá" novú úlohu, úlohu partnera, človeka usmerňujúceho rozvoj žiaka, facilitátora.

4. **Žiak sa ujíma riadenia seba samého** - učiteľ deleguje časť svojich kompetencií na žiaka, ustupuje do role konzultanta a kolegu (Mareš, J., 1998, s. 165).

Ak urobíme istý sumár toho čo som doposiaľ uviedol, potom učenia sa žiaka nie je len osvojovaním si vedomostí. Ide tu o oveľa viac a nazdávam sa, že nižšie uvedeným vyjadrím aj podstatu viacerých inovačných prístupov.

Učiť sa **AKO?**
- činnosťou, spoluprácou, učiť sa učiť.

Učiť sa **ČOMU?**
- získavať vedomosti,
- učiť sa činnosti,
- spôsobom žitia,
- žitiu v spoločnosti.

Učiť sa **KDE?**
- v miestach formálneho a aj neformálneho vzdelávania,
- v životných situáciách,
- využívaním rôznych vzdelávacích ponúk,
- v nových vzdelávacích podmienkach.

Učiť sa **PREČO?**

- pre rozvoj kompetencií a schopností,
- pre potreby života, pre aktivitu a rozvoj vlastného ja,
- pre rozvoj ľudského potenciálu (Nowacki, T., W. - Jeruszka, U., 2004, str. 124).

Schéma vybraných oblastí naznačuje smerovanie výučby v budúcich rokoch.

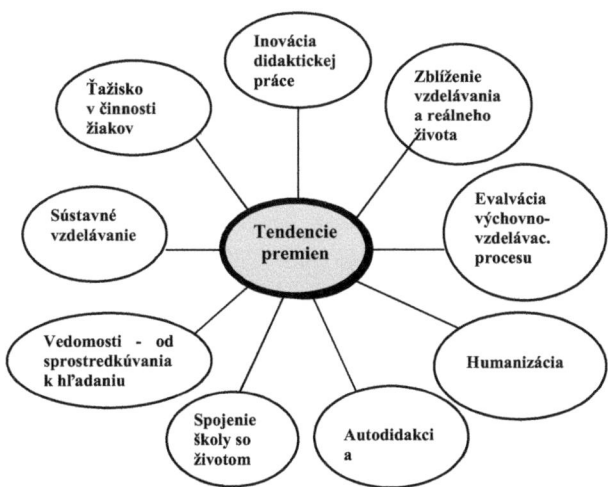

V ostatných rokoch bolo v pedagogike a didaktike napísaných toľko kníh a štúdií o humanizácii výučby, že sa môže zdať až zbytočné o tomto písať. Nemožno prehliadnuť, že nastolenie otázok humanizácie a položenie dôrazu na **kongruenciu, akceptáciu, empatiu a sebahodnotenie** vo vzťahu k žiakovi, pozitívne ovplyvnilo výchovno-vzdelávaciu prácu väčšiny učiteľov. Humanistické prístupy k výučbe sú zväčša vyjadrované pojmami: vzťah k žiakovi, trpezlivosť, rešpektovanie jeho osobnosti, facilitátorstvo učiteľa, vytváranie pozitívnej klímy v triede atď. V duchu týchto a ďalších požiadaviek sa na mnohých školách vyučovanie aj realizuje. Pravda, inou stránkou by bolo uvažovanie o prínose humanistickej výchovy, resp. o jej správnej realizácii v konkrétnej výchovno-vzdelávacej práci. Pripomínam to najmä preto, lebo nie ojedinelé sú hlasy, že humanistické prístupy majú aj svoje problémové stránky. V týchto súvislostiach sa najčastejšie hovorí o nízkej hodnotovej orientácii mládeže, o vzrastajúcej agresivite žiakov v školách, nie ojedinelé sú aj hlasy o znižovaní vedomostnej úrovne žiakov, o vzrastajúcej kriminalite mládeže a pod. Treba poznamenať, že na vine nie je samotná humanistická výchova, ale jej nesprávne uplatňovanie zo strany niektorých učiteľov, nezvládnutie či nepochopenie podstaty humanistických prístupov k výučbe.

Z viacerých myšlienok či prístupov, opisovaných v humanistickej pedagogike a didaktike, si zasluhuje pozornosť **akceptácia žiaka** a **empatia**. Nemožno povedať a ani netvrdíme, že akceptácia žiaka je „výdobytkom" pedagogiky ostatných rokov. V minulosti, nedávnej i dávnejšej, sa však uprednostňovalo chápanie žiaka ako individuálnej osobnosti, osobnosti „sui generis", pričom sa zdôrazňovala potreba hľadať také metódy práce so žiakom, ktoré mu umožnia byť, ak nie výborným aspoň úspešným, ktoré do istej miery „stierajú a vyrovnávajú" rozdiely medzi žiakmi a pod. Z týchto a podobných axióm sa potom odvodzovali prístupy ku žiakom a vyberali také metódy, ktoré mali zabezpečiť istú úspešnosť každého žiaka (prirodzene, na rozdielnej úrovni). Učiteľom je tento spôsob známy pod pojmom **diferencované vyučovanie.** Je viac ako samozrejmé, že diferencované vyučovanie (a diferencované prístupy k žiakom) budú aj v budúcnosti patriť k práci školy a učiteľa. Podstata humanizácie didaktiky je, že hľadá a najmä uplatňuje také metódy a formy výučby, ktoré zodpovedajú a vyhovujú špecifickým osobitostiam toho-ktorého žiaka.

Je tiež možné zamýšľať sa aj nad tým, či diferencované prístupy k žiakom sú (spočívajúce v zásade len na diferenciácii vyučovacích metód, prípadne aj na diferenciácii učiva – „výborní žiaci musia vedieť všetko", „slabším žiakom sa čo-to toleruje") dostačujúce, či sú skutočne humánne, či nimi napĺňame podstatu humanizácie výučby. Aj keď na nastolený problém možno odpovedať kladne, žiada sa dodať, že didaktika najbližších rokov bude musieť rozpracovať aj také vyučovacie metódy a organizačné formy vyučovania, ktoré budú zamerané na výnimočných žiakov – výnimočných v zmysle nadania, ale aj žiakov s drobnejšími poruchami, čiže žiakov zaostávajúcich. Podčiarkujeme, že tu nemáme na zreteli špeciálne školy, ale prácu so žiakmi v bežných školách a triedach.

Humanizácia, humanistické prístupy k výučbe, humánnosť školy a iné súvisiace pojmy sú dnes veľmi frekventované. Pravda, inou stránkou je či sú aj v praxi, v reálnom výchovno-vzdelávacom procese dostatočne uplatňované, resp. ako napĺňajú podstatu humanistických prístupov vo výučbe. Na základe našich skúseností z pozorovaní vyučovacích hodín a z rozhovorov s učiteľmi konštatujeme, že v oblasti humanistického riadenia výučby pretrvávajú rezervy. Treba, a dosť dôrazne pripomenúť, že podstata humanizácie z didaktického hľadiska nespočíva len v tom, že „snažíme sa pochopiť žiaka", „nevyvolávame stresové situácie", „máme pochopenie pre žiakov", „sem tam žiakovi čosi odpustíme",

„povzbudzujeme žiakov", „nezaťažujeme ich množstvom domácich úloh" a pod. Toto sú pomerne časté vyjadrenia učiteľov o tom, ako realizujú humanistické vyučovanie. V zásade môžeme byť spokojní s tým, že v praxi sa realizujú aspoň čiastočné, aj keď niekedy nesystémové prístupy. Ak máme realizovať humanistické prístupy k výučbe, potom je potrebné mať na zreteli, že skutočná humanizácia je **symbiózou medzi učiteľmi a žiakmi.** Tu možno dosiahnuť plnením nasledujúceho.

Plánovanie činnosti učiteľa a žiakov je jednou z prvých a základných požiadaviek. Vychádza z trvalého a systematického pozorovanie a poznávanie žiakov. Iba ten učiteľ, ktorý robí systematické pozorovanie a poznávanie žiakov, dokáže plánovať svoju a aj žiacku činnosť. Pod činnosťou učiteľa možno rozumieť prístupy k žiakom – prísny, menej prísny, primerane stupňujúci požiadavky na žiaka, uplatnenie tolerancie, výber štýlov učenia vo vzťahu ku skupinám žiakov v triede a pod. Pod činnosťou žiakov rozumieme, napr. umožniť žiakovi štýl učenia sa, ktorý je pre neho primeraný, zadávať mu primerané úlohy, umožniť mu spolupracovať so žiakmi a pod.

Takéto plánovanie a príprava na prácu so žiakmi nie je jednoduchá, vyžaduje si systematickú prácu učiteľa, vytváranie pozitívnej a optimálnej klímy v triede, neformálnu spoluprácu so žiakmi, hľadanie istej „opory" pre učiteľovu činnosť u žiakov a pod.

Realizácia je etapou plnenia naplánovaného. Ak učiteľ, v duchu predchádzajúceho, pristupuje k žiakom a k riadeniu výchovno-vzdelávacieho procesu, je predpoklad, že žiaci sa skutočne stávajú *subjektom* tohto procesu, zásluhou dobrého pedagogicko-didaktického plánovania majú možnosť vlastnej sebarealizácie. Z didaktického pohľadu na oblasť humanizácie pripomíname, že nespočíva v tom, že žiakom prízvukujeme, ako nám záleží, aby sme ich veľa naučili, chceme, aby sa v škole dobre cítili, máme pre nich pochopenie a pod. Skutočná podstata spočíva v tom, aby sa žiak mohol realizovať, aby sa pod vedením učiteľa a spolu s učiteľom neformálne a so záujmom dopracoval k novým vedomostiam.

Evalváciu vo vzťahu k nami analyzovanej problematike chápeme viac ako len hodnotenie. Kým hodnotenie alebo dnes zaužívaný pojem diagnóza vyjadruje aktuálny stav, *evalvácia* vyjadruje, resp. zameriava sa nielen na opis dosiahnutých výsledkov, ale aj na možnosti ich ďalšieho zlepšovania. Povedané inak, evalvácia významne prispieva k humanizácii výučby, v istom zmysle dáva žiakom odpoveď na to, akí sú, ale aj akí by mohli byť, ak by .... Úlohou učiteľa teda nie je len hodnotiť, diagnostikovať, ale súčasne s tým (možno by tu bolo vhodnejšie napísať „ale predovšetkým") odstraňovať chyby a nedostatky žiakov, viesť ich k sebakontrole, k zdokonaľovaniu svojej činnosti a pod. Takého prístupy sú nielen humánne, ale aj mimoriadne motivujúce.

Prognózovanie podobne ako evalvácia je novším pojmom v pedagogickej terminológii. Úlohou učiteľa nie je len naplnenie a zhodnotenie toho, čo si naplánoval. Dobrý učiteľ na základe dosahovaných výsledkov žiakov vlastne neustále tvorí – plánuje a prognózuje komplexné činnosti – svoje a žiacke. Výsledky činnosti žiakov a proces evalvácie je teda základom prognózovania realizácie vyučovacieho procesu i ďalšieho vývinu žiaka. V tom je tiež význam humanizácie.

V súčasnosti sa čoraz častejšie prízvukuje, že škola už nebude môcť učiť všetko čo prináša vedecko-technický rozvoj, a preto musí väčšiu pozornosť venovať otázkam autodidakcie, a to aj s akcentom na vyhľadávanie informácií, ich selekciu a prácu s nimi. Pojmy „práca s informáciami" a viaceré s týmto súvisiace otázky sú v ostatných rokoch mimoriadne aktuálne. Pri čítaní rôznych, do budúcnosti zameraných štúdií, to niekedy navodzuje dojem akoby vzdelávanie, no najmä jeho výsledok - **vzdelanie**, bolo v budúcnosti prežitkom a vzdelanosť či úspešnosť jedinca bude závisieť od toho, ako sa dokáže vyrovnávať a orientovať v záplave informácií, ktoré prinesie doba v podobe rôznych médií, o ktorých dnes nemáme možno ani predstavu. Samozrejme, s touto realitou musíme počítať, a preto didaktika súčasnosti a budúcnosti musí svoju pozornosť s oveľa väčšou dôslednosťou zamerať na preferovanie takých metód a foriem práce, ktoré vedú k schopnostiam autodidakcie a k takémuto vzdelávaniu. V tejto oblasti didaktika ani tak nestojí pred hľadaním rôznych inovatívnych metód a foriem práce, skôr stojí pred úlohou, ako doposiaľ poznané metódy a formy dôsledne uplatniť v praxi. Z viacerých myšlienok, ktoré sa v týchto súvislostiach pertraktujú uvedieme len niektoré.

Roky vieme, že presne **vymedzená časová jednotka** – spravidla vyučovacia hodina – je v dnešnom modernom vzdelávaní skutočne anachronizmom. To, že sa jej nevieme zbaviť, má svoje historické korene. Vplýva na to aj istá zotrvačnosť vo využívaní zaužívaného, v neposlednom rade významnú (rozhodujúcu?) úlohu zohrávajú aj ekonomické zretele (iné usporiadanie škôl a tried, potreba vyššieho počtu učiteľov v školách a pod.).

Z uvedeného vyplýva, že didaktika musí viac pozornosti venovať aj učiteľovi. Tu nemáme na mysli otázky spadajúce do pedeutológie, ktorá sa podrobne a z viacerých hľadísk zaoberá osobnosťou učiteľa. Ide nám predovšetkým o zdôraznenie tých stránok, ktoré sa bezprostredne viažu na didaktické činnosti učiteľa a v ostatných rokoch sa začínajú prezentovať ako **autonómia učiteľa.**

Je len samozrejmé, že dosahovanie zmien v školstve musí ísť ruka v ruke s komplexnými inováciami v príprave budúcich učiteľov, pričom za významné považujeme najmä **vytváranie vzťahu k profesii, vytváranie vzťahu k mládeži,** čo sa v ostatných rokoch do značnej miery podcenilo.

Ak sme vyššie spomenuli autonómiu učiteľa, neznamená ju vnímať len ako samostatnosť, ale ako **autonómiu učiteľa profesionála.** Ten by sa mal vyznačovať týmito schopnosťami:

1. **Schopnosť tvorivo pracovať.** Pod tvorivou prácou rozumieme prácu s cieľmi vzdelávania, ktoré učiteľ prispôsobuje tomu, aby mali zmysel, aby boli účelné a pod. Nejde teda o cieľ samotný, ale aj o jeho vplyv na ďalšie činnosti žiakov. Pravda, vnímanie cieľa z tohto pohľadu (čiže nielen splniť to, čo je stanovené učebnými osnovami alebo štandardami) znamená skutočne dať do súladu obsah vyučovania s metódami a zásadami vyučovania, ako aj s organizáciou vyučovania.

2. **Schopnosť akceptovať a do svojej práce adaptovať všetko najnovšie, týkajúce sa práce učiteľa a žiakov.** Autonómny učiteľ nečaká na pokyny a nariadenia, čo a ako má robiť či inovovať. Musí študovať, musí pozorovať dianie vo svojom a v príbuzných odboroch a nové, progresívne prenášať do svojej práce. V tejto súvislosti pripomenieme to, čo často počúvame od mnohých učiteľov „My by sme aj chceli pracovať inak, po novom, ale vedenie školy s tým nesúhlasí.“ Autonómny učiteľ, učiteľ profesionál musí svojimi argumentmi presvedčiť o možnostiach a potrebe zmien – vedenie školy, kolegov a aj rodičov.

3. S vyššie uvedeným súvisí aj **právo a schopnosť výberu vlastnej realizácie obsahu vzdelávania.** To sa týka už spomenutých zásad, metód a foriem výchovno-vzdelávacej práce, ale aj práce s obsahom vzdelávania. Obsah vzdelávania je síce istou „usporiadanou normou“ toho čo má učiteľ naučiť a čo si má žiak osvojiť. Avšak učiteľ je tou autonómnou osobnosťou, ktorá obsah prispôsobuje – preskupuje, dotvára. V klasickom ponímaní je obsah vnímaný ako niečo nedotknuteľné – „usporiadaná norma“. Lenže, dnes sú žiaci celkom iní ako pred niekoľkými rokmi (tu máme na mysli najmä ich činnosti s multimediálnou technikou) čo umožňuje, ale súčasne aj od učiteľa vyžaduje neformálnu prácu s obsahom učiva.

4. **Schopnosť, ale aj právo vymedzenia, stanovenia podmienok pre didaktickú prácu.** Vieme, že učiteľ je hlavným realizátorom výučby. To, či a ako žiaci vedia učivo, sa spravidla posudzuje a hodnotí nie z celkového pohľadu na školu, na jej

riadenie a pod. (čo významne vplýva na klímu tried a práce školy), ale z pohľadu a analýzy práce učiteľa. Keďže učiteľ je, v istom zmysle prvým realizátorom výučby (t. j. aj úspechov a neúspechov žiakov) musí mať aj schopnosti a aj právo vytvárať si také podmienky, ktoré vedú k úspešnosti jeho didaktickej činnosti. Podčiarkujeme, že uvedená myšlienka má ďaleko od prípadného poňatia ako anarchizmu. Učiteľ by mal mať možnosť a vedel si usporiadať činnosti vedúce k úspešnosti žiakov. Tu je však potrebné pripomenúť a zdôrazniť kooperáciu kolektívu učiteľov. Tej bude v budúcnosti potrebné venovať väčšiu pozornosť ako v dnešnom tradičnom vyučovaní, napr. flexibilnosť rozvrhu hodín, flexibilnosť počtu žiakov v triedach na jednotlivých hodinách a pod.

5. **Schopnosť vytvárania skutočného pedagogického a didaktického prostredia pre žiakov.** Uvedená požiadavka sa môže javiť samozrejmou, a treba povedať, že aj samozrejmou je. Lenže reálna prax nie je až taká samozrejmá. V tejto súvislosti možno pripomenúť, že niektorí učitelia preferujú vzdelávaciu stránku a akosi zabúdajú, napr. na vytváranie správne pedagogickej klímy, na vytváranie správnych vzťahov medzi žiakmi, na formovanie postojov k učeniu a vôbec k vzdelávaniu atď. To isté je možné vzťahovať aj na didaktickú stránku. Len prostredie, ktoré pôsobí na žiakov motivačne, v ktorom vládne neformálna tvorivá práca učiteľa, vytvára predpoklady pre úspešnosť žiakov.

6. **Schopnosť učiteľa znášať isté riziko, ale aj schopnosť niesť zodpovednosť za svoju vlastnú prácu.** Pravdaže, túto požiadavku nie je možné vysvetľovať si ako nejakú svojvôľu učiteľa, za ktorú dokáže „hrdinsky" niesť zodpovednosť. Ide tu skôr o to, že učiteľ pri viacerých inováciách podstupuje riziko, ktoré musí prekonať, v prípade potreby obhajovať, samozrejme, aj korigovať. Máme poznatky o tom, že viacerí začínajúci učitelia (so snahou o uplatňovanie inovatívnych prístupov) podstupujú isté riziko spočívajúce v tom, ako budú ich metódy prijaté kolegami s viacročnou praxou. Tí majú spravidla najradšej klasické „usporiadané vyučovanie" a často nemajú dosť pochopenia pre vyučovanie, v ktorom si žiaci navzájom pomáhajú, spolupracujú, besedujú a pod. Práve títo začínajúci učitelia neraz konštatujú, že „riskovali a riskujú", ako bude ich práca prijatá. Aby sa učiteľ nemusel zodpovedať za svoju prácu (hoci aj to je súčasťou života, ba často sa hovorí „kto robí, robí aj chyb."), musí si svoje pedagogické činnosti premyslieť a k žiakom pristupovať tak, aby sa ozaj nemusel zodpovedať za svoju prácu.

L. Schulman uvádza sedem profesionálnych expertných oblastí, ktorými sa musí vyznačovať učiteľ budúcej školy. Sú to:

- **vedomosti predmetovo-odborné,**
- **vedomosti všeobecno-pedagogické** (princípy a stratégie výučby),
- **poznanie kurikula** (programy, materiály, učebnice),
- **odborné didaktické vedomosti** (porozumenie obsahu vzdelania a spôsobom jeho interpretácie žiakom),
- **poznanie žiakov a ich charakteristík** (vývinových a individuálnych),
- **poznanie kontextov vzdelávania** (sociokultúrne kontexty – rodina, spôsob riadenia školy, školský systém ...),
- **poznanie cieľov, zámerov, kľúčových hodnôt vo vzdelávaní a ich filozofické a historické zázemie** (In. Spilková, V., CD ROM, 2004).

Iste nie je potrebné osobitne prízvukovať, že aj v týchto profesionálnych expertných oblastiach dominujú didaktické hľadiská.

Vo vzťahu k právam, povinnostiam či požiadavkám na učiteľa mi nedá, aby som nepovedal to čo vnútorne cítim a čo považujem za mimoriadne významne. Všetci ako tu sedíme budeme svorne tvrdiť ako zodpovedne a cielene pripravujeme učiteľov na prácu v škole, na prácu so žiakmi. Ale je tomu skutočne tak? V príprave na túto konferenciu som si v Internete prelistoval viaceré informačná listy jednotlivých fakúlt. Musím konštatovať značnú difúznosť, pravda, v tom by problém možno nespočíval. Ten vidím v tom, že študentov učíme všetko možné, rôzne teórie, predpisujeme rôzne učebnice /včítane zahraničných/, ale čo mi v celých infolistoch chýba je vytváranie vzťahu k žiakom, k mládeži, k práci v škole. Osobne sa mi javí, a to aj na základe rozhovorov so študentmi, že v didaktike a nielen v nej sa nám stráca žiak.

Nedá mi, aby som v závere o inováciách v didaktike nespomenul ešte nasledovné, pretože som toho názoru, že docenenie „vášni mozgu" môže významne prispieť k inováciam didyktiky v reálnej výchovno-vzdelávacej praxi.

I. Turek odvolávajúc sa na N. Akara a A. Atakenta hovorí o **troch vášniach mozgu,** ktoré uvádza Cloniger:

Tri vášne mozgu:	Uspokojenie vášní učiteľom:
Vyhľadávanie nového.	Skúšať nové veci.
Vyhľadávanie rozkoše.	Navodiť uspokojujúce aktivity: hľadať, objavovať...
Vyhýbanie sa nebezpečiu.	Klíma výučby bez strachu, obavy z ohrozenia.

V súlade s J. Skalkovou zastávame názor, že **problém spočíva v zmene vnútorného postoja** učiteľa, čiže učiteľ musí preorientovať myslenie a **myslieť nie na to čo bude robiť on, ale na to čo budú robiť žiaci** (Skalková, J., 1999, s. 127).

Pri úvahách o inováciaách vo vyučovaní nemožno zabúdať na inováciu materiálnych didaktických prostriedkov a na nové informačné technológie. Vzhľadom na zameranie príspevku vedome neuvádzame všetky materiálne didaktické prostriedky, ktoré sú opísané v učebniciach didaktiky. Zdôrazníme predovšetkým, že už teraz sme svedkami rozvoja a využívania rôznych inovačných technických pomôcok. Treba sa však pripravovať na ich výraznejšie zavádzanie do výchovno-vzdelávacieho procesu. Ide najmä o *multimediálne systémy na báze počítačov, spätnoväzbové systémy, výučbové počítačové systémy, trenažéry a simulátory.*

Úplne na záver chcem poznamenať, že v predmetnom príspevku som sa zameral skutočne len ne niektoré vybrané aspekty inovácií v didaktike. Nepochybne je ich oveľa viacej, to som naznačil vyššie v texte. Zastávam názor, že ak by sa školám a učiteľom podarilo do praxe uviesť aspoň niečo z toho čo som uviedol vyššie, práca v školách by sa mohla skutočne zmeniť v prospech žiakov.

Literatúra

Bajtoš, J.: Teória a prax didaktiky.: Žilina : ŽU, 2003, ISBN 80-8070-130-X.

Bjerstedt, A. - Glines, D.: Rozhovor o škole budúcnosti. In Škola budúcnosti. (Zborník zahraničných štúdií.), Bratislava : SPK, 1988.

Európska komisia: Biela kniha. Vyučovanie a vzdelávanie. Smerom k učiacej sa spoločnosti. Bratislava : Národná kancelária programu Leonardo da Vinci. ÚIPŠ, 1999, bez ISBN.

Koncepcia rozvoja výchovy a vzdelávania v SR. Prílohy Učiteľské noviny, roč.51, 2001, č. 6.

Kovaliková, S.: Integrovaná tematická výuka. Bratislava : Faber 1996, ISBN 80901873-0-7.

Maňák, J. - Švec, V.: Výukové metody. Brno : Paido, 2003, ISBN 80-7315-039-5.

Mareš, J.: Styly učení žáků a studentů. Praha : Portál, 1998, ISBN 80-7178-246-7.

Nowacki, T. W. - Jeruszka, U.: Podstawy dydaktyki pracy. Warszawa : WSP, 2004, ISBN 83-88278-56-8.

Obdržálek, Z. a kol.: Riadenie školstva v Slovenskej republike. Bratislava : ŠPÚ, 1999, ISBN 80-85756-41-2.

Petlák, E. a kol.: Kapitoly zo súčasnej didaktiky. Bratislava : IRIS, 2005, ISBN 80-89018-89-0.

***Półturzycki,* J.:** Wskazanie dla dydaktyki w raporcie Komisji Delorse´a: Learning the treasure within: Uczenie sie – nasz ukryty skarb. In Denek, K., Bereznicki, F.: Tendecje w dydaktyce współczesnej. Toruń : Wydawnictwo Adam Marszalek, 2001, ISBN 83-7174-898-1.

Rýdl, K.: Didaktické perspektivy inovujicích procesů v rámci humanizace v rámci výchovy a vzdělávání. In: Vališová, A. a kol.: Historie a perspektivy didaktického myšlení. Praha : UK Nakladatelství Katolinum, 2004, ISBN 80-246-0914-2.

Skalková, J.: Obecná didaktika. Praha : ISV, 1999, ISBN 80-85866-33-1.

Spilková, V.: Klíčové koncepty v současných proměnách didaktiky – od metafory transmise k metafore konstrukce. In: Jeník, T., Mužík, V., Šimoník, O.: Oborové didaktiky v pregraduálním učitelskému studiu. Brno : MU, CD ROM, 2004, ISBN 80-210-3474-2.

Turek, I.: Inovácie v didaktike. Bratislava : MC, 2004, ISBN 80-8052-188-3.